रुस्तम की कविताएँ

वाणी प्रकाशन
21-ए, दरियागंज, नई दिल्ली-110002
फोन : 23273167, 23275710
e-mail : vani_prakashan@yahoo.com
vani_prakashan@mantraonline.com

रुस्तम की कविताएँ

माँ, पिता और तेजी के लिए

ISBN 81-8143-046-8

वाणी प्रकाशन
21-ए, दरियागंज, नयी दिल्ली-110002
द्वारा प्रकाशित

प्रथम संस्करण : 2003

नागरी प्रिंटर्स, दिल्ली-110093
द्वारा मुद्रित

मूल्य : 125.00 रुपये

RUSTAM KI KAVITAYEN
by Rustam

क्रम

इसी पुराने घर को

अब कुछ नहीं
मेरे पास।

दोस्त, दुश्मन, भाई-बहन,
औरतें और काम-धन्धे,

सब छूट गये हैं पीछे।

मैं साधु
पर लौट-लौट आता हूँ
इसी पुराने घर को।

माँ !
लो आ गया है
तुम्हारा भुक्खड़ बेटा !

पिता,
फिर काम नहीं आयी
तुम्हारी सज़ा --

मैं खाली हाथ लौटा हूँ।

अब कुछ नहीं मेरे पास।

हाँ, मैं तुम्हारा बच्चा हूँ

जो बच्चा मेरे भीतर है
उसे प्रकट कर दो। एक-एक कर खोल दो मेरी सारी पत्तियाँ।

तुम नदी को जाती हो, मैं तुम्हारे पीछे-पीछे आता हूँ, मेरे नन्हें पाँव बिन्ध जाते हैं कांटों से, तुम चुन लेती हो उन्हें भीगे चुम्बनों से।
अभी-अभी कटी गेहूँ के रूखे खेतों में मैं घूमता हूँ तुम्हारे पीछे, यहाँ-वहाँ छिटकी बालियों को बीनने में तुम्हारी मदद करते हुए।
क्या ये तुम्हारी आँखें हैं, माँ ? क्यों आँसू उमड़ रहे हैं इनमें? बार-बार क्यों भींच रही हो मुझे तुम अपनी छातियों से ?
लिली के सफ़ेद फूल मैं लाया हूँ तुम्हारे लिए, मैं पुकार रहा हूँ तुम्हें, तुम खोलती नहीं द्वार। हाँ, मैं तुम्हारा बच्चा हूँ, और तुम लौट रही हो सूखी ज्वार का गट्ठर सिर पर उठाये।

मेरी रातें बीतती हैं तुम्हारी त्वचा की भीनी सुगन्ध में।

ऐसे तो नहीं जाने दूँगा

(अपने चचा के लिए)

सौ मील से आये हो
साइकिल पर।
चचा ! ऐसे तो नहीं जाने दूँगा '

सौ मील से आये हो
साइकिल पर।
यह तुमने
कब सीख ली साइकिल ? --
दादी कहती थी
तुम्हारी अक्ल मोटी है।

सौ मील से आये हो।
क्या हाल हैं साइकिल के ?
ठीक तो है हैंडल ?
गद्‌दी कोमल है ?

दादा चला गया घोड़ी पर।
तुमने सीख ली साइकिल।
सौ मील से आये हो
पैडल
        घुमाकर --

चचा ! ऐसे तो नहीं जाने दूँगा !

सब दरवाज़े बन्द हैं

सब दरवाज़े बन्द हैं।
दिन से भी बड़े शहर में
सब दरवाज़े बन्द हैं
मेरे लिए। एक आवाज़
जो पुकारती थी मुझे
किसी ज़माने में
थक कर सिमट गयी है
किसी खिड़की के पीछे।
किस को कष्ट दिया है मैंने ?
सब दरवाज़े बन्द हैं।
मुझे मिल रही है सज़ा
मेरे पापों की। सब
दरवाज़े बन्द हैं। यहाँ
कोई नहीं, कोई नहीं।
यहाँ कोई नहीं।

मुझ पर रहम़ कर

एक औरत
चढ़ गयी है मेरे सिर पर

यही मेरी इच्छा थी !

शब्द-शब्द
घुस गयी है
मेरी रगों के भीतर

यही
मेरी इच्छा थी !

यह जो शीशे की कटार की धार पर
टँग गये हैं दिन
इसी औरत की बदौलत है !

तूने ज़र्रा-ज़र्रा
चुन लिया है
मेरी रातों का ज़हर

जादूगरनी
मुझ पर रहम कर !

कुछ शब्द

कुछ शब्द
तो बच ही जायेंगे
हज़ार-हज़ार शब्दों में से।

अब भी तो, बाबुश्का,
अब यहाँ हैं तुम्हारे होंठ,
ये,
यहाँ,
मैं सुन रहा हूँ इन्हें

प्रेम, मृत्यु या जुदाई
उच्चारते हुए।

प्रेम, जो कभी
मरता नहीं।
मृत्यु, जो कभी
टलती नहीं।

जुदाई जो
यह कविता है।

कुछ शब्द,
और कितना दुख।

अब, इस वक़्त, यहाँ

एक शून्य से
प्रेम किया है मैंने।
अमूर्तन, जो यहाँ नहीं,
न ही कहीं और है।

यह शाम, वास्तविक नहीं।
आकाश, वास्तविक नहीं।
छत पर चुम्बन, और चुम्बन --
क्या ये
वास्तविक हैं ?

बाबुश्का, यह तुम हो
या छाया है कोई
मेरी बाहों में ?

आवेग,
जो मुझे कस रहा है,
रसायन है किस इच्छा का मेरे बिना ?

अब, इस वक़्त, यहाँ,
मैं वास्तविक नहीं।

यहीं लौटता हूँ

यहीं लौटता हूँ
प्रेम और पीड़ा में।

यहीं लौटता हूँ सिर झुकाये।

प्रेम
वहाँ भी है बाल्कोनी पर

आँखें मोड़ पर गड़ाये
रात के सन्नाटे में कोई जहाँ खड़ा है।

पीड़ा
वहाँ भी है।

दिन को छोड़ जाना तुम्हारा

दिन को
छोड़ जाना तुम्हारा
भयभीत जुगनुओं सा

फिर रात को
थपथपाना मेरी खिड़की पर
उदास, नीली उँगलियों से

दिये की
बुझती रोशनी में
स्पन्दित है कोई कविता

मैं तुम्हारी बिलख
नहीं सुनता

त्रासद
गुम्फित है हमारे प्राण में

प्रेम मिलने के साथ

यूँ ही जियूँगा अभाव
तुम्हारे साथ, तुम्हारे साथ रह कर।

यह सत्य था, या सुन्दरता,
जिसे खो दिया है मैंने ?

जीवन निकल गया है हाथों से।

घुमक्कड़ी था प्रेम मेरा। यहाँ-वहाँ भटकता।
ढूँढता जो भीतर था। चला गया, बस चला गया।

चला गया। उसे जाना था। शब्द-शब्द जोड़ता
यूँ ही जियूँगा अभाव जो मुझे मिल गया था
प्रेम मिलने के साथ।

गुलाब भी थे

गुलाब भी थे
तुम्हारी आँखों में,
शहद से भरा हुआ लोटा,
यात्राएँ जो अभी अधूरी थीं,
घाट, नदी और समुद्र।

धुआँसी सुबहें, धुआँसी सुबहें,
मन्दिर, घन्टियाँ और गायें,
लाशें, अधजली लाशें

लुभा ले गयीं
तुम्हें
अचेतन तक।

मृत्यु भी बचा नहीं पायी तुम्हें मेरे लिए।

उदास दिन को चीरती हुई

उदास दिन को चीरती हुई
हँसी सी
तू गुज़र गयी

अच्छी हवा
इस घर के भीतर भी आ

अभिशप्त
इस आत्मा की खिड़की
तेरे लिए खुली है

संभव है किसी दिन

संभव है किसी दिन सारी दुनिया को मैं एक ही आँख से देखने लगूँ
या डेढ़ आँख से
या केवल आधी आँख से

(संभव है किसी दिन मेरी आँखें दुनिया में एकरस हो जायें)

तब कैसी दिखेगी दुनिया
तब कैसी दिखेगी तुम्हारी आकृति
तब कैसा दिखेगा तुम्हारे भीतर का वह व्यक्ति
जो मुझे प्रेम या घृणा करता है

तब
मैं
तुम्हें
कैसा दिखूँगा।

अभी-अभी

अभी-अभी एक सुबह फटी है

साथ-साथ
हम बढ़ रहे हैं उजास गली में

पाँव उठ रहे हैं
पाँव पड़ रहे हैं

अभी-अभी एक परी हँसी है

हमारे आगे-पीछे,
ऊपर-नीचे छन गयी है झिलमिल सांस

नीली गली में

नीली गली में
नीले पेड़ों में से चाँद
हमारे साथ चल रहा है।

नीली खुश हैं तुम्हारी आँखें।
नीले होंठों पर हँसी सांवली है।

एक द्वार खुल रहा है।
एक गीत घुल रहा है नीली हवा में।

नीली सुन रही है ताल।

प्राचीन कल्वर्ट पर से गुज़रती हुई

प्राचीन कल्वर्ट पर से गुज़रती हुई
पगडंडी जहाँ जा रही है
ध्वंस घर है वहाँ
जिसके भीतर
इस वक्त
मैं हूँ

लो !
फिर चल पड़ा हूँ

यहाँ
इस बिन्दु पर
मुझे मैंने छोड़ा था

प्राचीन कल्वर्ट पर से गुज़रते हुए
ध्वंस घर को उन्मुख

जिसे
अभी-अभी
मैं मिला।

मैं भी नहीं इसका घर

मैं भी नहीं इसका घर
प्राचीन मन्दिर

(प्राचीन ज़्यादा मन्दिर कम)

इसका गुम्बद और दीवारें लाल मिट्टी पत्थर की हैं

जब सूरज उगता है
और डूबता है
यह
गुम हो जाता है

तब
मैं इसे देखता हूँ

अब जो पत्थर है

अब जो पत्थर है
कल
वह पानी होगा या नहीं होगा

अमूर्तन आग
किन्हीं रगों में दौड़ी थी
या नहीं दौड़ी थी

जैसे
मेरी आँखें हैं
और
तुम्हारा हृदय था/होगा

मेरी आँखों में

तुम्हारा चेहरा तुम्हारा चेहरा नहीं
मेरी आँखों में
तुम्हारे चेहरे पर जो हो उठी हैं
घनी।

यह वो जगह नहीं जहाँ पर हम पहुँचे हैं
जिसे हम छोड़ आये हैं पीछे
जो आगे मिलेगी
मेरी आँखों में
तुम्हारे चेहरे पर जो हो उठी हैं
घनी।

हवा आती है और जाती है

हवा
आती है और जाती है
जहाँ द्वार हो सकते थे

सूर्य
कौंधता है निरन्तर
जहाँ
तुम्हारी हँसी गूँजती है

इस घर में
-- जो नहीं है --
मेरी स्मृति
मात्र कल्पना है

शहर - 3

आज फिर वहाँ कोई नहीं था

कुछ जाने-पहचाने चेहरे
कुछ बिल्कुल अनजान
आ जाते --
तो क्या हो जाता

उजाड़ शहर था कमरे के भीतर

जहाँ वास्तविक था मैं स्वप्न में
और स्वप्न
मुझमें
वास्तविक
नहीं
था

शहर - 4

इस बाल्कोनी के नीचे से
इस गली में से
दुलकी चाल में गुज़रेंगे
नीली पीठों वाले घोड़े

खाली शहर उनकी टापों से नहीं गूँज रहा होगा

एक स्वप्न के आलोक में
-- इसी
बाल्कोनी से --
उनमें से एक
उन्हें देखेगा
एक अन्य स्वप्न में विलीन होते हुए

चट्टान

चट्टान
आग में बदल रही थी
जो पहले से ही आग थी
और चट्टान लग रही थी
कई दूसरी चट्टानों के बीच
जो पहले से ही आग थीं और
चट्टानें लग रही थीं   इस तरह
कि आग जैसी बहुत सी चट्टानों के बीच
बहुत सारी जगहों पर
चट्टानों जैसी
आग जल रही थी

भूरी चट्टान के भीतर

भूरी चट्टान के भीतर
भूरी लाल चट्टान के भीतर
लाल हरी चट्टान के भीतर
हरी नीली चट्टान के भीतर
भूरी लाल हरी नीली
पीली धूप बन रही थी
जिसमें सहस्र रंगी चट्टान थी
जो शुरू में केवल भूरी लगती थी
और मुझे डस गयी थी

ये जो मैंने दृश्य चुरा लिये हैं

ये जो मैंने दृश्य चुरा लिये हैं
किसी अदृश्य पटल पर से
और हृदय में से पिरोते हुए
काग़ज़ पर उतार दिये हैं
ये अब भी मेरे नहीं हैं
न ही ये तुम्हारे होंगे
उन अन्य दृश्यों की तरह
जो किसी अन्य अदृश्य पटल पर से चुरा कर
अपने हृदय में से पिरोते हुए
तुम किसी अन्य काग़ज़ पर
उतारोगे

तुम्हें चिल्लाना चाहिए था

तुम्हें चिल्लाना चाहिए था
वहाँ गिरने से पहले

एक उँगली तो हिला सकते थे

यह सब तुमने किया
वहाँ गिरने से पहले
जब कविता में यह दृश्य
दोहराया जाना था --

तुम
बच गये
दर्पण में

खून की
बूँद भी
गिरी नहीं

कल्पना में अस्थिर जीवन

असंतुष्ट,
गुलाब
बढ़ रहा है अतीत जन्मों की स्मृतियों के बिना

आँसू स्वच्छ है
स्वच्छ दर्पण में
स्वच्छ आँख की कोर पर अटका

छाया
देखती है प्रतिच्छाया

लगभग वास्तविक है

लगभग
जीवित

दर्पण तुम्हारे बिना

दर्पण में तुम नहीं हो
दर्पण
मेरी कल्पना में

काला पत्ता
हरा फूल
रक्त पर बर्फ़ की बूँद
आँखें जो स्वच्छ और पत्थर हैं इस दुनिया से बाहर की चीज़
फिर आँखें जो स्वच्छ और पत्थर हैं इस दुनिया से बाहर की चीज़ और इसके भीतर

दर्पण
जो अब खाली और विशुद्ध है

डर यह मेरा

डर यह मेरा
और डर
कि डर यह मेरा
'डर' का अतिक्रमण करता है

एक पत्ता काँपता है पेड़ पर अटका हुआ

और डर
कि वह पत्ता केवल 'काँपता' है
'डर' के प्रति मेरे डर को बढ़ाता है
'डर' के बरक्स मेरे डर को कम आँकता है

और जो काँपता है वह भी महज़ 'पत्ता' है
यह भी डर है मेरा

श्वेत पत्थर पर

‘श्वेत पत्थर पर
काला पत्थर’ के इस बिम्ब में
जो मैंने अभी-अभी पढ़ा है
या काले पत्थर पर
श्वेत पत्थर के उस बिम्ब में
जो मैंने अभी-अभी गढ़ा है

‘हज़ार मौत मरता है’

उजाला जो इसके जीवन को पकड़ता है
या हाथ जो इस उजाले को स्थिर रखता है

फिर, तुम दर्पण में हो

फिर,
तुम दर्पण में हो
फिर तुम्हें तोड़ता हूँ
दर्पण की तरल काया में
काया
टूटती भी है
और
तड़ित दर्पण में

तरल है

जिसने मुझे बिस्तर से भगाया

जिसने मुझे बिस्तर से भगाया
वह एक कविता थी जिसके बनने में लगे --
मिट्‌टी, पानी, मिट्‌टी का एक बर्तन, गेहूँ के कुछ बीज
और एक स्वप्न के बचे हुए टुकड़े

नहीं गुज़र रहा मैं इस रास्ते से

नहीं गुज़र रहा मैं इस रास्ते से।
मेरे पाँवों के नीचे
घास, भूरी पत्तियाँ और कुछ कंकर नहीं।
यह सन्ताप नहीं जो कहीं घट रहा है।
यह रात रुदन की रात नहीं।
ये आवाज़ें हैं जिन्हें मैं सुन रहा हूँ किसी दूसरे के कानों से।
यह रोशनी है या हवा का कम्पन ?

मुझसे दूर होता जा रहा है

चाँद।
मुझसे दूर होता जा रहा है चाँद का साया नीली रोशनी में।

दृश्य
जो अपरिचित था
अब नहीं होगा
नीली रोशनी में।

डोलता
चाँद का साया
और
नीली रोशनी भी है।

यहीं रह जाता तो अच्छा था

यहीं रह जाता तो अच्छा था
गीली रात का साया।
गीली रात का साया
यहीं कहीं टूट जाता, बिखर जाता
फिर सूख जाता।
सूखा हुआ, तब, बह जाता
गीली रात का साया।

मोहनजोदड़ो

यहाँ
रोशनी है।
यहाँ अंधेरा है।
यहाँ मिट्टी का घोड़ा है।
यहाँ चाँदी का सिक्का --

इस पर खुदी हुई हैं किन्हीं अन्य समयों की स्मृतियां
इस बिरहा से जो खालिस हमारी अपनी/बिल्कुल अभी की है।

यह दिन काला है

यह दिन काला है
और इस दिन में काले मोती जड़े हुए हैं
काले धागे में पिरो कर उन्हें कोई टेढ़े-मेढ़े रख गया है
इस काली सतह पर जो नज़र नहीं आती
काली स्याही से जिसे धोने की मैं कोशिश कर रहा हूँ
इस काली आत्मा में और असफल हूँ

काला

एक बार काला लिखता हूँ
और थक नहीं जाता हूँ
सो,
बार-बार लिखता हूँ काला
बिना थके हुए

पक्षी
सूर्य
पेड़ और दिन की पुतलियों में
मुझे छेड़ता ही रहता है
नटखट !

गिरगिट भी है

यह जो मेरी पकड़ में नहीं आता है

यह जो मेरी पकड़ में नहीं आता है
यह जो आँखों से ओझल है
और सदा मुझे देखता है
इसका रंग नीला है, नीला
मैंने इसे दे दिया है --
कल मैं इसे और रंग दूँगा

अभी-अभी यह हँसा है
और मेरी कलम की निब को
छूते हुए निकल गया है

रोशनियों की लड़ी है

सूर्य
रोशनियों की लड़ी है
मृत्यु के आलोक में

कितने चन्द्र
गिरने को हैं
रात के नक्षत्र से ?

तुम पाँव रखोगी पुल पर
जिसे मैंने
पानी से बनाया है

एक स्वप्न की कगार से
मैं देखूँगा

समुद्र

दूर नहीं होता है कभी भी
यहाँ से समुद्र।
कभी-कभी
लौट आता है वह समुद्र से
और वहाँ लोटता है।
कभी-कभी नदी भी होता है समुद्र
नदी। नदी।
सिमट जाता है समुद्र जब नदी में
नदी आता है उसे मिलने।
नदी उड़ेल
प्रतीक्षा करता है वह समुद्र की।

तब समुद्र
दूर पर्वत से उतर रहा होता है।

बिम्ब थक भी जाते हैं

बिम्ब
थक भी जाते हैं मुझसे
और
बिम्ब होने से।

निश्चित ही
उनके धैर्य की कोई सीमा है
धृष्ट
इस अजनबी के लिए।

निश्चित ही
वे स्वप्न लेते हैं
भिन्न एक दुनिया का
जिसमें कि वे प्रत्यय हैं।

फिर वे
प्रत्यय न होने का
स्वप्न भी लेते हैं।

कब्रगाह

कभी-कभी कविता
एड़ियों के छिद्रों में बस जाती है

जो कब्रगाह को जाता है
स्वचलन है वह शब्दों का

बैठी रहती है वहाँ
थकन, रोती भी है,
अक्षरों की --

कभी लौटना नहीं चाहती

पुरखे

इक बिन्दु आता है
जहाँ से शब्द
एक ही दिशा में मुड़ते हैं

एक अन्य बिन्दु आता है
जहाँ वे खो देते हैं
चलने की इच्छा

यहाँ वे बैठ जाते हैं
और अपने पुरखों का
मनन करते हैं

उत्कंठा

यहाँ जो दूर है सबसे वह दूसरा पंख है।
यह वो घटना है कि जिसमें दूर होना असल
में दूर होना है।

कभी वह पुरखों की तरह आती है।
मुझे घेरकर वे पलंग पर बैठ गये हैं। कितने
प्रसन्न हैं उनके चेहरे

(प्रसन्न हैं कि वे दर्पण हैं)।

हम चाहते हैं कि वे हमारे पास हों, पास रहें।
वे केवल
हमें लेने आते हैं।

सुगन्धें

कुछ सुगन्धों की अभी-अभी यहाँ कहीं रहे होने की प्रवृत्ति संभवतः उनकी क्षण-भंगुरता में निहित है। और यह क्षण-भंगुरता सुगन्ध होने की उनकी ललक में। और इस ललक की क्या कहें ? एक सुगन्ध विशेष के प्रसंग में यह अभी-अभी यहाँ थी, अब नहीं है।

कुछ सुगन्धें जाल में नहीं आतीं। विस्मृति से भी परे कुछ विशुद्ध दर्पण हैं। कुछ स्वप्न में जीती हैं। कुछ स्वप्न लेती हैं। कुछ वे हैं जो एक द्वार पर दस्तक देती हैं, किसी अन्य दर्पण में, कहीं

जब हम कहते हैं :

वह यहाँ, यहाँ और यहाँ से गुज़रा होगा

यह उसकी अनधुली कमीज़ है

हवा
इधर बहती थी, फिर उधर

एक जगह मुझे छोड़ रही है

एक जगह मुझे छोड़ रही है,
छोड़ रही है मेरी जगह।
ओ देखो ! कैसे धीरे-धीरे
कितने धीरज से
दिल मेरा तोड़ रही है।

बिलख रही है
और मुझसे मुख मोड़ रही है।

बुर्ज में रोशनी है

बुर्ज में
रोशनी है।
बुर्ज कहता है :
रोशनी में बुर्ज है।
रोशनी कहती है :
रोशनी में रोशनी है। कोई
कहता है : बुर्ज में रोशनी में
किसी में कोई है। कहता रहता है।

सूर्य नहीं, सूर्य में

सूर्य नहीं,
सूर्य में
फ़र्श
चमकता है।
पूरा फर्श भी नहीं।
खुश हैं जो कणिकाएं।
इन्हें गिनता हूँ।

रंग

रंग
मेरा था। सुनहरी।
वह सुनहरी में बदल गया।
आज वह सुनहरी है।
कल वह सुनहरी
में बदल जायेगा तो ?

तुम नहीं हो

‘तुम नहीं हो’, ‘तुम नहीं हो’
कितनी बार मुझे कहना होगा कि तुम नहीं हो जाओ।
तुम्हारे न होने और न होने के बीच एक जगह है जो मुझे पार करनी है।
तुम थीं तो जगह कुछ और थी : तुम्हारे होने और होने के बीच।
तुम जो कभी नहीं थीं और अब हो या तुम जो केवल कभी-कभी थीं और अब नहीं
हो,
सदा मुझे यात्रा में रखती हो।

तुम ही तोड़ गये थे

तुम ही छोड़ गये थे मुझे।
तुम ही।
(मैंने नहीं कहा था।)

तुम ही तोड़ गये थे,
मुझे तोड़ गये थे !

दुख
जो मुझसे बड़ा था
तुम उसका मुँह
मेरी ओर
मोड़ गये थे।

छाया जानती है मुझे

छाया
जानती है मुझे
क्या मैं
इसे जानता हूँ

दर्पण
जो केवल दर्पण है
में छाया रोशनी है

आँखें
जो केवल आँखें नहीं
में छाया रहस्य है

क्योंकि मैं फूल की छाया में था

क्योंकि
मैं फूल की छाया में था
उसे देखना गुनाह था वह जो फूल चुन रही थी और नहीं जानती थी उस छाया का
रहस्य जो मेरी आत्मा में दुबक गयी थी
ऐन उसी वक्त किसी रोशनी से डर कर।

और मैं उसे देखता ही गया --
तब भी
जब मैं चुन लिया गया था

उन्हीं फूलों में से एक फूल की तरह जिसकी छाया में मैं था और मुझे लेकर वह
वापस घर नहीं लौटी।

किस अन्य रोशनी से
मुझे ढाँपने की कोशिश में
वहाँ मुझे लेकर वह कहाँ दुबक गयी थी ?

हवा

किसने देखा है उसे कुरलाते हुए ?
कहाँ ?

कभी-कभी हवा भूल भी जाती है।

खोयी आँखों से
सिक्का ढूँढती है।
पीछे लौटती है, पछताती है।

किसी कोने में, किसी कोने में

किसने देखा है उसे पछताते हुए ?

किसने ?

आज फिर वही आवाज़ है

आज फिर वही आवाज़ है
आज फिर वही आवाज़ ही है बस

आज फिर 'वह' आवाज़ है

आतुर --
तारों में से --
मुझ तक पहुँचने की कोशिश में

वही,
वही,

जो पहले भी थी
इसी कोशिश में कई बार

आज फिर 'वह' आवाज़ है

वो नहीं आयी

वो ही है जो मुझे चाहिए है
वो ही
वो ही

वो नहीं आयी
नहीं आयेगी प्राण की धड़कन में
वो ही
वो ही

वो ही है जो कभी नहीं आती

वो इस पन्ने के उस तरफ़ रहती है

छू लो, मत छुओ मुझे

'छू लो,
मत छुओ मुझे।'

छू कर
मुझे छोड़ दो।

छोड़ दो
कि जैसे कभी छुआ नहीं।

छू लो
कि जैसे मुझे छोड़ रही हो।

जहाँ से मैं हट रहा हूँ

जहाँ से
मैं हट रहा हूँ
कुछ भी नहीं है

कुछ भी नहीं है
जहाँ पर
हट रहा हूँ

कुछ भी नहीं
मैं
केवल
हटता हुआ हूँ

तब भी, इस बाहुल्य में

तब भी
इस बाहुल्य में
कहीं कोई कमी है --

जहाँ 'प्रेम' ने अपनी परिभाषा बदल ली है,
जहाँ 'नहीं' में भी 'हाँ' ही आकर बैठ गया है और
'नहीं छुअन' भी अब केवल छुअन, छुअन है,

'नहीं' शब्द
टूटता है।

फूल के
(अ)हृदय में
राख उड़ रही है।

जो कमी है (इस भयंकर प्रेम में भी) उस प्रकाश में है जो अपने भीतर ही एक बिन्दु पर आहत है, अक्षम है।

इसी एक बिन्दु से (वह जो अन्धेरा है) एक बिलख की आवाज़ फूटती है और मेरे कानों में सुनायी पड़ती है।

कौन है यह आवाज़ ? क्यों चहुँ ओर भटकती फिरती है ? अपने केन्द्र से छिटक गयी (?) हिरणी जो अब केवल कहानियों में मिलती है।

इस आवाज़ की देह छोटी, मुँह विकराल है। इस आवाज़ ही से मुझे जूझना है यह मुझे पता है। अब यही मेरे (कवि)कर्म की स्थली होने जा रही है।

निश्चित ही इस आवाज़ का सम्बन्ध मेरी देह से है। देह वो आँगन नहीं है जहाँ देवगण उतरते हैं और एक झुण्ड में इकट्ठे होकर शून्य का मनन करते हैं।

स्वयं शून्य ही नहीं हैं क्या ये देवगण ? फिर भी वे उतरते हैं यदि उन्हें निश्चय कर बुलाया जाये।

यह निश्चय
देह को रौंदता है।

रौंद दी जाकर भी देह वापिस उठ खड़ी होती है। वह कड़ी है।

कड़ी, यानि बिलख। अश्रु।

ये अश्रु विरह के भी हैं जब देह स्वयं से अलग होती है, और एक अन्य देह से भी।

तब भी, क्या यह न्यायपूर्ण नहीं है ?

उस आवाज़ से जूझना इस प्रश्न से भी जूझना है।

कौन पूछता है यह प्रश्न ? केवल 'मैं' नहीं या 'तुम' (यह जो 'मस्तिष्क' है या 'दम्भ', यह जो 'मानस' है)।

स्वयं देह भी यह प्रश्न पूछती है जब वह हट रही होती है। यह भी न्याय ही है।

तब भी कैसा है यह न्याय ! अश्रुओं से भरा हुआ ! या अश्रुओं से खाली। यह प्रश्न मुझे ही क्यों पूछना था।

मेरे ही हिस्से में आना था यह मनन, देह-विहीन यह तपस्या देह की। क्या मैं भाग्यशाली हूँ कि इस दुख के लिये केवल मुझे ही चुना गया ?

देवगण मुझ पर प्रसन्न हैं, मैं उनका प्रिय हूँ। वे रातों के मौन में उतरते हैं, मेरे यहाँ आते हैं, अब मेरे दिनों को भी रातों में बदलने के लिये, मुझे इस तीखी रोशनी से बचाने के लिये, मुझे संसार से मुक्त कराने।

देह यह संसार है। प्रेम इसका उदात्त रूप है, पर रूप इसी का है, रूप ही बस, इसका प्रत्यक्ष, इसका प्रकटन भर।

मुझे प्रेम से मुक्त होना है, यह तय है।

प्रेम से मुक्ति काव्य से मेरी मुक्ति होगी। यह दुख है।

काव्य प्रेम ही है। काव्य मोह है, आसक्ति। काव्य आसंग है, यानि यह संसार।

*

तो मैं कवि नहीं रहूँगा ! यह सुख भी मुझे लौटा देना होगा ? मेरा हृदय फट रहा है। चिन्तित हैं देवगण। उनके चेहरों पर मेरे लिये करुणा है। यह करुणा अब मेरा भी लक्षण होने जा रही है। मेरा मन दौड़ रहा है दो उल्टी दिशाओं में। मैं बँट गया हूँ। मुझे चीरा जा रहा है स्वचिन्तन की धार से। देखो मैं लथपथ हूँ। यह मेरा ही रक्त है जो बह रहा है। चिन्तित हैं देवगण। चिन्तित हैं और प्रसन्न हैं। मैं भी प्रसन्न हूँ। मैं तपस्या में हूँ। काव्य-चिन्तन कर रहा हूँ। काव्य नहीं, काव्य-चिन्तन ही मुझे मिला है। यही मेरे कर्मों का प्रतिफल है। देह को त्यागने की यही मेरी सज़ा है।

आगे
फिर वही आवाज़ है।

*

बार-बार आती है यह आवाज़ -- यह बिलख -- इस पाठ में, अपनी जगह बनाने या अपनी जगह *बताने*, इस तरह कि जैसे यह पहले ही से उसकी जगह है, उसका न्यायसंगत स्थान। वैध, जो इसका हक है।

यह आवाज़ काव्य की आवाज़ है चिन्तन के भीतर में, उसे काव्य-चिन्तन बनाते हुए।

काव्य-चिन्तन,
यानि लयपूर्ण सोच,
लयपूर्ण मनन,
या मननपूर्ण लय।
मननपूर्ण सामंजस्य, या *आवर्तन* क्योंकि वह अखण्ड है, निरन्तर है और इसलिये अभग्न भी है,
अभंग है।

इस तरह यह मात्र 'होने' से, ससीम से परे चला जाता है।

'होने' से परे जाना उसका देह से परे जाना है। और यही मुझे मिला है।

पर यह दुख ही है।

*

यह दुख मेरी देह का दुख है। इन शब्दों में देह मेरी बोल रही है।

यह बोलना (या लिखना) देह का अपने 'भीतर' से संवाद है, अपनी 'हस्ती' से, अपने 'मूल' से जहाँ वह 'आदि' है, 'आद्य' है और इसलिये 'अनादि' भी है।

इस तरह देह भी चिरन्तन है, अध्वंस्य है। पर यह संसार का चिरन्तन है।

देह मुक्त नहीं है। वह अपनी अमुक्ति में चिरन्तन है। इसीलिए वह दुखी भी है।

इस पाठ में (और अब यही मेरा पाठ रहे होने जा रहा है) मुझे इस अमुक्ति में से निकलना है, वह आँगन बनाना है जहाँ देवगण उतरते हैं। यह आँगन रात का आँगन है, नींद का आँगन जिसमें स्वप्न नहीं है। मौन का आँगन, रोशनी और वाचालता से बचा हुआ।

इस पाठ में मुझे उस अन्धेरे बिन्दु को फैलाना है जहाँ से बिलख फूटती है और रोशनी से टकराती है।

*

यह पाठ तपस्वी है, सन्यासी है। यह प्रेम से विमुख है, पर विरह से च्युत नहीं है। न ही यह विरह दुख है। वह दुख से परे, उससे बड़ी है। उसकी संगिनी भी नहीं है। इस विरह का रूप विराट है, फिर भी वह मनुष्यी है, मनुष्य ही की जनी हुई है।

उसे नाम नहीं दूँगा।

उसे नाम नहीं दूँगा।
मुझे देवगणों का प्रिय बने रहना है।

*

आते हैं देवगण। उन्हें देख मैं फफक पड़ा हूँ।

मेरा हृदय फट चुका है, मृत्यु को पा चुका है। तब भी बिलख का अन्धेरा वहाँ बना हुआ है।

नाम नहीं दूँगा।

मैं किस विरह से ग्रसित हूँ ?
नाम नहीं दूँगा। मत कहो कि इसे नाम दूँ, उस विरह को जो अपना नाम छोड़ चुकी है।

उस नाम की जगह एक अन्धेरा बिन्दु है, एक विश्व खुला हुआ।

नाम नहीं दूँगा। मैं कैसे उसे नाम दूँ ? कहाँ से लाऊँ वो औज़ार जो उस सौन्दर्य को उतार लें, उसे खड़ा कर दें ?

यह अलंकरण असंभव है।

*

फफक रहे हैं देवगण।

उनकी गालों पर अन्धेरा फिर रहा है।

जो स्पर्श्य नहीं है, उसे क्या नाम दूँ ? मेरी उँगलियों के पोरों पर अन्धेरा है।

नाम नहीं दूँगा। मात्र इसमें रहूँगा। स्वयं देवगण मेरे लिये विह्वल हैं।

कहाँ से आते हैं ?

कहाँ लौट आते हैं ?

कौन हैं वे, रोशनी में अन्धेरे के समुद्र ?

नाम नहीं दूँगा। मैं उन्हें नाम नहीं दूँगा। नाम देकर मैं उन्हें अपवित्र नहीं करूँगा, क्योंकि सर्वत्र नाम ही है। नाम जो कि 'चिह्न' है, वह जो 'पदार्थ' है। पद जमा अर्थ, जिस तरह वह 'प्रेम' में है। 'प्रेम' जो कि नाम ही है, एक वाचाल शब्द,

मौन

का

भंजक। नाम नहीं दूँगा। नाम बहुत रोशन है। वह सूर्य है, दिन है। उसमें

शोर है, खड़खड़ है। नाम नहीं दूँगा। नाम में दर्शन है। दर्शन, यानि 'दम्भ'। नाम नहीं देने का यह श्रम प्रेम के श्रम से कहीं ज़्यादा मुश्किल है। मुझे इस पाठ को नाम से बचाना है। इसलिए मैं इसे उस शब्द की तरह पढ़ूँगा जो कि अभी नहीं है।

इस तरह इस पाठ में

इस तरह
इस पाठ में
लगातार मैं मरूँगा।

यह मृत्यु
किस (अति)जीवन का संवाहन होगी ?

यह (अति)जीवन
किस अचिन्त्य प्रेम के ध्वंस पर खड़ा होगा ?

*

चले गये हैं देवगण।

मुझे बार-बार उन्हें वापिस बुलाना है। अन्धेरी उँगलियों से उन्हें टटोलना है।

निरीह,
अपनी अन्धी आँखों से
कैसे वे मुझे देख रहे हैं।

हम एक असमान धरातल पर खड़े हैं।

अप्रत्याशित ही
मैं उनसे बड़ा हूँ।

जहाँ मुझे उतरना है वहाँ एक मरु है, जो 'बढ़ रहा है'।
उस पर सूर्य पड़ रहा है।

वहाँ बिछी हुई है, हिल रही है, मात्र एक देह, जो चमक रही है,
किसी रोग से क्षय है,
या कोई रोग ही है स्वयं कि इतनी धूप में भी इतनी हरी है।

यह दृश्य भयावह है।

*

कैसे होगा।

कैसे होगा यह श्रम।

यह पाठ मुझसे नहीं लिखा जायेगा ! नित्य यहीं लौटेगी, यह देह मुझे रुलायेगी।
इसमें जड़ी हुई हैं देवगणों की नन्हीं आँखें। वे इच्छा से नहीं, करुणा से भरी हैं।

मेरी ही आँखें जैसे मुझ पर ही गड़ी हैं।

यह दृश्य भयावह है।

इस रात

इस रात
मैं अपने पिता को याद करता हूँ।
वह सुन्दर आदमी था,
वीरता से भरा हुआ।
शान्त और गुस्सैल,
वह तलवार का धनी था।
दुख को धीरज से सहन करना हमने उसी से सीखा था,
और सदा न्याय का पक्ष धरना।
अन्ततः दुख और अन्याय ने ही उसे ख़त्म किया :
वह मेरी माँ की मृत्यु को सह नहीं पाया,
और अपने समय के मामूलीपन को।

प्रेम

(नौ कविताएँ)

1.

जो मैंने खो दिया है
एक अवधारणा थी,
एक दर्शन, एक दृष्टि, महसूस करने का एक विशिष्ट ढंग, एक संवेदन जो अब कभी मेरे पास नहीं होगा।

(इस तरह मेरी पीड़ा कहीं ज़्यादा मुश्किल है उस पीड़ा से जो महज़ प्रेम के विलुप्न पर होती है।)

कुछ स्वप्न भी थे जो इन दूसरों की तरह मैंने भी सोचे थे। उनमें से एक एक शब्द था। उस शब्द को अब मैंने छोड़ दिया है।

2.

प्रेम सुख था,
सुख ही रहे,
यही हमारी कोशिश थी;
हालाँकि इस कोशिश में हम हमेशा सफल नहीं हुए।

प्रेम की भूमि पर
हमने घृणा को भी पलते हुए देखा।

यह दुख था,
और इस दुख को
कविता में हम कह सकते थे।

3.

मुझे घृणा भी कहनी है अपनी कविता में,
और यह कहना है : मुझे घृणा भी है तुमसे।

तब भी
मैं तुम्हारा नाम नहीं लूँगा :
मैं उस लज्जा को बचा कर रक्खूँगा जिसे प्रेम तक में तुमने/हमने छोड़ दिया था।

मात्र प्रेम ही नहीं,
लज्जा भी विषय है कविता में।

4.

हमने सीखा :

प्रेम
क़रने की ही नहीं,
समझने की भी वस्तु है।

यूँ
ले आये हम कविता में
दर्शन की भाषा,
और प्रेम की ज़रा भिन्न भाषा विकसित करने में
ग़र्क हुए।

बेहतर प्रेम के लिये
उसकी बेहतर समझ पर
बल देने में भी एक सुख था
जो प्रेम के सुख से
कम नहीं था।

5.

तुम सो रहे थे
और तुम्हारे स्वप्न में जो यात्री था
तुम्हारी ओर आता हुआ
वह मैं थी।

जहाँ स्वप्न नहीं था
मैं बहुत दूर चली गयी थी
तुमसे बहुत दूर
तुम्हें सोते हुए छोड़ कर।

मैंने तुम्हें छोड़ दिया था
स्वप्न के भरोसे।

मैं लौट भी आती
तो तुम्हारा स्वप्न नहीं टूटता।

6.

यह खुशबू
किसी की नहीं,
न किसी के लिए है।

(उसके हाथों में
El Paso की डिबिया थी।)

यह वो नज़र है जो आँख से बिछुड़ी हुई है,
वस्तु से अलग है।

(वह
चश्मा पोंछ रही थी।)

इस कल्पना का विचरण मात्र शून्य में है।

(कल्पना
नाम था उसका।)

कौन आयेगा,
जायेगा ? कौन तड़पेगा, रोयेगा ?

(जूते पहनकर वह बोली।)

स्मृति
किसकी होगी ?

7.

मैंने सोचा :

लोग
प्रेम से डरते हैं

(पर चाहते उसी को हैं)

क्योंकि
वह बलि माँगता है
उनके स्व की
(क्योंकि

स्व
तुच्छ है।)

वे जानते हैं प्रेम की राह रक्त से सनी है।

(उसके अन्त से आगे किसी फूल का बिम्ब नज़र आता है।)

8.

कभी-कभी
हम प्रेम से थक भी जाते थे,
उसे बनाये रखने की निरन्तर कोशिश में।
कभी-कभी
बने रह कर भी वह हमें थकाते हुए चलता था।
कुछ ऐसे भी पल थे
जब हम उसकी बहुत-बहुत बातें करते थे और वह मात्र बातों में ही बना हुआ नज़र आता था। तब भी हम बार-बार बोलते थे उसके बारे में, और उसे कविताओं में लिखते थे।
कितनी बार ऐसा हुआ कि हम उसे भूल जाना चाहते थे, और भूल भी जाते थे, फिर याद करते थे उसे और वापिस लाना चाहते थे।

9.

कम से कम मैंने तो घृणा भी की है इस शब्द से, और इसे कहा भी है अपनी कविता में। कम से कम मैंने तो 'प्रेम' से इस घृणा के कष्ट को भी जाना है, और इसके
लिए खुद से घृणा की है।
लौट भी सकते हैं ये क्षण मेरी कविता में,
जैसे 'प्रेम'
लौट कर आता रहता है और कभी-कभी मेरी घृणा का पात्र
बनता है।

पाँव

अपने श्वेत पाँव उसे दिखाते हुए –
'देखो ! मेरे पाँव कितने श्वेत हैं' –
जो मैंने
कहे बग़ैर
छोड़ दिया था वह यह था :

'ये पाँव
उन शब्दों की तरह हैं जिन्हें हम कहे बग़ैर छोड़ देते हैं।'

मैंने लगभग दिखा दिये थे उसे कुछ अलौकिक शब्द
जो एक श्वेत रोशनी में लिपटे हुए थे और दो पाँवों जैसे लगते थे।

उँगलियाँ

आज मुझे केवल उन उँगलियों की बात कहनी है।

उँगलियाँ जो पतली हैं
और पीली
और पीली रोशनी में
हड्डियों-सी चमकती हैं।

कल मैंने उन्हें छू लिया था अपने अशिष्ट हाथों से
जब उसने अपनी उँगलियाँ
मेरी उँगलियों में रख दी थीं

इस तरह कि जैसे
मेरी उँगलियाँ
स्वयं उसकी उँगलियाँ थीं।

रोशनी

1.

एक रोशनी थी --

मुझसे दूर जाती जाती सी !

रोशनी थी
और पीली
और ऐसे पाँव रख रही थी
कि मुझसे दूर चली जायेगी।

पीली रोशनी
तुम्हारे पाँव
चन्दन की लकड़ी हों

मेरी चेतना के सबसे गहरे कक्ष में

पड़े हुए।

2.

वहाँ रोशनी थी --
ताकि तुम उसकी ओर बढ़ो।

वहाँ रोशनी थी --
तब भी तुम अनिश्चय में थे।
तुम सोचते थे वह मात्र रोशनी है
और उसे छूने से डरते थे।

जब वह नाचती थी
वह तब भी रोशनी थी।

एक रोशनी को अपने मन में

बार-बार एक रोशनी को अपने मन में बसाना होता था।

पहले
उसे गढ़ना होता था,
बनाना होता था --

पहले से ज़रा भिन्न
या फिर वैसी ही
एक रोशनी।

*

पर 'रोशनी'
सही शब्द नहीं था।

*

बार-बार
सही शब्द लाना होता था।

अन्ततः वे सब

अन्ततः वे सब तुम्हें छोड़कर चले जाते थे
और तुम कहते थे :

अन्ततः
उन सब द्वारा
मुझे छोड़कर
चले जाना ही
यहाँ का नियम है।

यह नियम मुझे मान्य है।

अन्ततः उन सब द्वारा मुझे छोड़कर
चले जाने पर
मेरा मनन ही है मेरा।

यह मनन मुझे मान्य है।

इसी बिन्दु पर

इसी बिन्दु पर मुझे बने रहना था।

तुम्हारा लौटना,
तुम्हारा जाना,
और फिर-फिर लौट आना -- इस गति के स्थायित्व में ही खोजना था मुझे अपने अस्तित्व का स्थिरतम क्षण ! कहना था : तुम लौट आओ, तुम चली जाओ। बार-बार इस वाक्य को दोहराना था। उसकी लोच पर सोचना था।

उँगलियाँ -2

आज फिर
वो ही उँगलियाँ।

केवल उँगलियाँ।
केवल उँगलियाँ ही मुझे
कहना है उसे।

यह मर्यादा मुझे कायम रखनी है
कि वह
केवल उँगलियाँ है
जिन उँगलियों को भी
मुझे नहीं छूना है।

यही अर्जित किया है मैंने :

प्रेम में भी
मर्यादा।

तुम्हारे प्रेम में भी।

*

उँगलियाँ हैं
या कि साक्षात् उसकी काया
जिसे मैं छू नहीं सकता,
नहीं छूऊँगा
यह प्रतिज्ञा मैंने ली है।

नहीं छूने की
तपस्या
उसी से मैंने सीखी है,
उसकी दृढ़ काया से
जो
बनकर उँगलियाँ
मेरी ओर बढ़ती है,
बढ़ती ही आती है अछूत उँगलियों की तरह।

अछूत
काया है उसकी
और उसे
नहीं छूने की तपस्या में
उसे छूने की कोशिश में

मेरी उँगलियाँ हैं।

*

अछूत थी
और दृढ़ थी उसकी काया
और बहुत-बहुत कठिन थी।

बहुत कठिन
कि जैसे उँगलियाँ थीं
भीतर को मुड़ी हुईं,
खोजतीं, तलाशतीं
अपनी ही काया में
मेरी उँगलियों को।

इसी काया में
एक नदी भी थी।

(मैं
महसूस करता था उसे।)

यह नदी
मुझे
छूते हुए
बहना चाहती थी।

*

'छूते हुए' में
छूना नहीं,
छूने की
कल्पना थी।

इस
कल्पना का
अतिक्रमण
कर लेने की
कल्पना भी
वे उँगलियाँ करती थीं --

वे
उँगलियाँ
छूने के
स्वाँग के लिए
कोशिश-
रत थीं।

*

अन्ततः
उन उँगलियों ने
स्वाँग ही को साधा।

क्योंकि --
छूना
संभव नहीं था।

क्योंकि --
संभव नहीं थी काया।

काया की
संभावना की
संभावना का भी
वहाँ
स्वाँग था।

*

स्वाँग था
और यही सच था,

यही
सब-कुछ।

(क्या
और
चाहिए था ?)

'प्रेम'
में भी खोजा।
यही पाया।
यही सब-कुछ।

(क्या
और
चाहिए था ?)

उँगलियाँ थीं,
इसलिए
छूने की अवधारणा थी।

अवधारणा
'छूना' सोचने के
स्वाँग में
मदद करती थी।

(क्या
और
चाहिए था ?)

*

जो चाहिए होता था
वह
मिलने के --
मिल जाने के --
स्वाँग में ही मिलता था।

या फिर
ऐसा लगता था
और
मिल जाता था वास्तव में।

तब भी
'लगने' का यथार्थ
'मिल जाने' से
कहीं गहरा लगता था।

*

कहीं गहरा
और कहीं वास्तविक था
हमारा मिलना
हर मिलने के उपरान्त
फिर मिलने के स्वाँग में।

इस तरह
हम बार-बार मिलते थे
और कभी
मिल जाने की संभावना में
बने रहते थे।

(इस बीच
हमने देखा
हमारी उँगलियाँ
अब नहीं थीं।

इस तथ्य पर हमने
बहुत ध्यान से नहीं सोचा।)

हर मिलने के
स्वाँग में
हम एक ही विषय पर सोचते थे :

स्वाँग
भी
यह
किसलिए ?

किसलिए
'मिलना' ?

ऐसा लग रहा है

ऐसा लग रहा है
एक शरीर ने मुझे छुआ है।

(इस लगने का महत्व है।)

यह लगना छूने से
कुछ ज़्यादा सुखद लग रहा है।

लगने का यह सुख
मुझे लगा रहे,
यही अच्छा है।

यही मुझे छुए।

प्रेम काफ़ी नहीं था

प्रेम
काफ़ी नहीं था।
सत्य था।

हम भी
काफ़ी नहीं थे।
सत्य था।

हम सब मिल कर भी अपने-आप को बचा नहीं पाते थे।

सत्य का
यह रूप भी
हमने देखा।

शाम - 1

एक फूल
मेरे कमरे में था।

शाम थी, और एक फूल
मेरे कमरे में चला आया था।

उसने
मेरी इन्द्रियों को छूना था।

हाँ, उस शाम
एक फूल
मेरी नाभि पर
झुकने वाला था।

शाम ढल रही थी,
और उसका दंश
मेरी नाभि में
चुभने-
चुभने को था।

आज मुझसे

आज
मुझसे
तेरे बिना
रहा नहीं जा रहा।

इस वाक्य को बनाता हूँ और इस पर
सोचता हूँ
कि
आज
मुझसे
तेरे बिना
रहा नहीं जा रहा।

इस सोच में जो पीड़ा है
उसे
महसूसने की
कोशिश
करता हूँ।

तुम्हारे नहीं होने

तुम्हारे नहीं होने, नहीं आने पर मुझे बहुत धीरज से सोचना है।

तुम नहीं हो, नहीं आओगी मुझसे मिलने – इस ज्ञान को मुझे बहुत धीरज से पकाना
है,
उसे
रस में
बदल जाने देना है।

रस को
धीरे-धीरे,
बहुत धीरज से
सोखना है।

मैंनें छोड़ने पर सोचा है

मैंनें छोड़ने पर सोचा है।
वह भी दुख ही है जो इस जगत् में हमें मिला है।
जिसे छोड़ दिया जाता है वह चला जाता है।

छूना शरीर ही में संभव है।
नहीं छूना, छू नहीं पाना, हमारी मृत्यु का कुछ और पास आना है।

और जो आत्मा है हमारे शरीर ही में है।

हम इस जगत् के ही प्राणी हैं।
सुख, दुख हमें सहना ही है।